Junior Pérets

Le changement commence ici

Couverture Canva :　Blanc Moderne Cyclone Terre Science Affiche
https://www.canva.com/design/DAEx9xggBHU/N0WpmlZLO2pO1S0rSrNLvw/edit
Edition Vision Biosphère
Voir la vie dans toutes ses possibilités
https://www.vision-biosphere.com/
ISBN : 978-2-9580168-3-8

Dépôt légal : Janvier 2022

Le Code de la propriété intellectuelle n'autorisant, aux termes des paragraphes 2 et 3 de l'article L.122-5, d'une part, que les « copies ou reproductions strictement réservées à l'usage privé du copiste et non destinées à une utilisation collective » et, d'autre part, sous réserve du nom de l'auteur et de la source, que les « analyses et les courtes citations justifiées par le caractère critique, polémique, pédagogique, scientifique ou d'information », toute représentation ou reproduction intégrale ou partielle, faite sans le consentement de l'auteur ou de ses ayants droit ou ayants cause, est illicite (article L.122-4).Cette représentation ou reproduction, par quelque procédé que ce soit, constituerait donc une contrefaçon sanctionnée par les articles L.335-2 et suivants du Code de la propriété intellectuelle. Nous rappelons donc que toute reproduction, partielle ou totale, du présent ouvrage est interdite sauf autorisation de l'Éditeur ou du Centre français d'exploitation du droit de copie (CFC-3, rue d'Hautefeuille-75006 Paris)

Du même auteur

Comment réussir avec les autres : les relations humaines comme une arithmétique

Les Pouvoirs de la parole en public

La Vie continue quel que soit votre passé

Comment passer du rêve à la réalité

Comment vivre dans un monde en crise

Un regard dans le passé pour un avenir meilleur

À Cristina Maria Pereira

Depuis qu'elle est à mes côtés, la géographie de ma vie a changé. Le soleil ne se lève plus à l'est et ne se couche plus à l'ouest. Mais il se lève et se couche à mes côtés.

À Cristina Maria Pereira

Há coisas que não est� nos nossos olhos, na iconografia do nosso tempo, exemplo: La soleil ne se lève plus a l'ouest mais a l'ouest plus a l'ouest. Mais il se lève et se rentendir à nuits etc.

Mieux vaut prendre le changement par la main avant qu'il ne nous prenne par la gorge.
Winston Churchill

J'ai remarqué que même les gens qui affirment que tout est prédestiné et que nous ne pouvons rien y changer regardent avant de traverser la rue.

Stephen Hawking

Préface

De Mélissa Mwembia

Et si notre perception du monde ne dépendait que de nous-mêmes ? Un entendement aussi apaisant qu'angoissant. Il est apaisant, car il nous conforte dans l'idée selon laquelle nous sommes les seuls maîtres de notre destin, les seuls acteurs de notre vie. Il est angoissant, pour exactement les mêmes raisons.

Or, l'être humain aime à penser qu'il est placé sous la responsabilité d'autrui, et il n'y a rien d'étonnant à cela car cette habitude découle de notre plus jeune âge. Un enfant, par exemple, est dès le bas âge placé sous la responsabilité de ses parents, qui ont le rôle de fixer son cadre éducatif : ce qui est bien versus ce qui est mal (morale), ce qui est autorisé versus ce qui est interdit. En bref, les parents inculquent la manière de bien se comporter en société. De la même manière, un élève est soumis à l'autorité de ses professeurs, qui, de la maternelle jusqu'à la fin de ses études, le guident dans l'apprentissage en lui transmettant un savoir, une bonne méthode de travailler lui permettant de passer en classe supérieure. Si l'on poursuit notre exemple, dans le milieu professionnel, un salarié est placé sous la tutelle de son patron, qui le soumet à un règlement lui indiquant comment bien satisfaire les missions pour lesquelles il a été embauché.

Enfin, un citoyen se doit d'obéir aux lois qui régissent son pays et qui lui indiquent comment bien agir en société. Autant d'exemples qui démontrent que depuis notre naissance, nous sommes placés sous la tutelle d'un plus haut qui a le rôle et le pouvoir de nous dire ce qui est bien, ce qui est mal, ou de choisir pour nous. Lorsque l'on a été accoutumé depuis petit à ce que l'on pense, à ce que l'on choisisse pour nous ; lorsque l'on a été habitué depuis jeune à penser en termes de bien ou de mal, où trouve-t-on le pouvoir d'agir librement sur son destin ? Car au final, cette mise sous tutelle dans laquelle nous avons baigné depuis toujours pourrait nous plonger dans la plus grande inertie…

Nous attendons souvent que notre vie change du fait des décisions des plus hauts, alors que c'est elle qui attend souvent que nous changions pour lui donner ce sens, cette valeur, confirmant le mérite qu'elle a d'être vécue : « Pendant des années, j'ai attendu que ma vie change mais maintenant je sais que c'était elle qui attendait que moi je change » (Fabio Volo).

La vérité, c'est que la notion de changement personnel ne doit pas être pensée en termes de bien ou de mal. Elle doit être appréhendée comme une nécessité, une intime conviction, une forte intuition qui donnera du mouvement à notre existence. Le changement doit être appréhendé « égoïstement », détaché de toute moralité, de toute image sociale : nous nous plaçons nous, notre être, notre âme, au cœur de notre existence. Nous nous devons de comparer les bénéfices du changement à l'immobilisme.

C'est ici qu'intervient notre notion de « perception du monde » car seule notre réalité guidera le processus du changement que l'on souhaite apporter à notre vie. Et c'est ici que le changement commence ! C'est ici que le changement opère ! De vous, de l'intérieur. Internal. « Pour ce qui est de l'avenir, il ne s'agit pas de le prévoir, mais de le rendre possible » (Antoine de Saint-Exupéry). Parce qu'il nous met dans des situations inconfortables, jamais encore explorées parfois, et parce qu'il nous fait miroiter l'image d'un futur imaginaire, réel uniquement dans notre tête, du processus de changement émergent de nombreux doutes. Qu'est-ce qui nous garantit que ce futur tant attendu existera un jour ? Mais qu'est-ce qui nous empêche également de croire qu'il n'existera jamais ? L'idée est ici, pour rendre ce futur accessible, de procéder par petits pas, de mener des actions au quotidien qui tendent vers l'accomplissement de ce futur tant désiré. Finalement, est-ce le futur qui vient à nous ou bien est-ce nous qui venons au futur ? Telle est la question ! Ce qui est sûr, c'est que notre réalité est en mouvement. Je ne dis pas que cela sera facile, je dis juste que cela en vaut la peine. Si l'initiative de mener de petites actions au quotidien afin de tendre vers notre objectif est un acte décisif pour le changement, la discipline impliquée en ce sens en déterminera le succès. En plus de cette autodiscipline que l'on s'infligera, force est de constater que le changement est empreint de la résistance des proches qui nous voient changer et qui peuvent être emmenés par nous. Gardons à l'esprit que si nous savons intimement les raisons (le pourquoi ?) qui nous ont poussés à entreprendre ce changement, rien ne pourra nous déstabiliser. Cantonnons-nous-y !

« Le temps ne change pas les gens, il dévoile ce qu'ils sont déjà » (Inconnu).

Le changement ne revient pas à nier qui nous sommes. Au contraire, il revient à trouver cette harmonie parfaite entre ce que nous sommes profondément et le potentiel latent que nous avions et que nous décidons de dévoiler. C'est en cela que **Le Changement commence ici** *de Junior Pérets vous permettra de développer étape par étape le potentiel qui est en vous afin de révéler au grand jour ce que vous êtes réellement !*

Bonne lecture !

Berto Y. Malouona Nzouzi
Romancier et auteur de bande dessinée

Là où le changement commence, c'est dans un endroit caché à la vue de tous mais qui étrangement a beaucoup plus d'impact dans notre quotidien que nous le soupçonnons. C'est vers cet endroit que l'auteur nous emmène afin de le déblayer pour que nous puissions bénéficier de toutes les possibilités que le monde a à offrir. Une lecture édifiante et pertinente !

De Evanhove Madzou-Moukassa
Doctorant en philosophie

« *Le soleil est nouveau tous les jours.* » Héraclite d'Éphèse

D'après Héraclite d'Éphèse, « Tout change sans cesse, passant d'un contraire à l'autre, et la seule chose qui soit immuable est la loi de cette éternelle métamorphose... »

L'art de la questiologie (se poser les bonnes questions au bon moment) exige de nous poser toutes sortes de questions ; aussi faudrait-il se questionner si l'étude de la problématique abordée dans cet ouvrage est nécessaire. Concrètement, un examen même superficiel de cette problématique, qui consiste à spécifier avec exactitude où commence réellement le changement, justifie absolument une telle entreprise.

Quand vous avez un problème avec autrui, avec une idée, une perception, une conviction... il faudrait arriver à vous dire que c'est votre réalité, votre problème à vous, pas celui des autres. On ne demande pas à changer quelqu'un qui ne le désire pas et qui ne l'a pas demandé. Il faudrait de

manière absolue se retenir d'avoir un raisonnement inductif, qui va du particulier au général. L'explication sur l'origine du changement autour de nous n'est logique, acceptable, sérieuse et objective que si l'on aboutit normalement, par un biais quelconque, c'est-à-dire par soi-même. Toutefois, le fait de trouver une sorte d'idéal sur lequel nos propres convictions se posent nous conduit très souvent à vouloir résolument convaincre les personnes autour de nous que finalement nous avons raison et que les autres devraient faire la même chose.

En réalité, chercher à convaincre l'autre de changer, tout en sachant que tout changement implique un renoncement de soi, car lorsqu'il est question de l'humain et de son environnement, lui demander de changer c'est lui ordonner de renoncer à ses convictions, connaissances, ses croyances... aussi inutiles qu'elles soient, afin d'adhérer à notre idéal que l'on croit meilleur, n'est-ce pas une erreur colossale ?

La tendance aujourd'hui est très souvent de croire que sur le terrain de la recherche, toute pensée ou activité intellectuelle capable de contribuer à une prise de conscience culturelle doit impérativement pécher sur le terrain de la science.

À vouloir toujours faire montre de l'hypertrophie de son ego et/ou d'une prétendue supériorité imaginaire sur son semblable, l'homme finit par détruire son intersubjectivité, c'est-à-dire sa relation avec l'autre en voulant le changer. Ma conscience n'est pas seule au monde ; non seulement la présence de l'autre me permet de me découvrir en tant que sujet, mais elle détermine aussi et surtout mon action. En outre, la confrontation des consciences est parfois difficile parce que je partage avec l'autre une même condition humaine et la même tradition humaniste. Il est vrai que notre cerveau étudie, analyse et interprète notre environnement en cherchant à le simplifier et en formant des stéréotypes, des croyances, des préjugés et des catégorisations qui vont ensuite servir à ordonner le monde qui l'entoure. Cependant, l'homme ne devrait avoir ni le complexe de supériorité ni le complexe d'infériorité vis-à-vis de son prochain ; il devrait avoir tout au plus le complexe de complémentarité avec l'autre.

« L'important n'est pas de convaincre. Mais de donner à réfléchir. » Bernard Werber.

La société qui est la nôtre nous oblige à entrer dans un cadre déjà régi par un certain nombre de codes ou encore une règle du jeu : tu ne fais pas ceci ou cela. Une règle du jeu pour que l'anarchie ne prenne pas le dessus. Cette règle permet d'établir la limite du rapport entre l'autre et moi pour que l'harmonie soit le fer de lance dans une société dans laquelle les individus sont dans une quête perpétuelle du « nouveau », du changement, de l'inhabituel, mais n'assouvissent pas ce désir de changement parce qu'ils ne connaissent pas la « voie » et ne savent pas par où commencer.

Enfin, l'homme n'étant qu'un microcosme, c'est-à-dire une partie infime du macrocosme qu'est l'univers, l'ensemble de l'ordre naturel, il doit accepter et s'accommoder de la loi naturelle qu'est le changement. Cependant, dans sa relation avec l'autre, ce changement doit commencer quelque part, mais où ?

Loin d'être une panacée, ce livre nous montre non seulement la « voie », mais nous donne la clé qui nous permettra d'ouvrir la vraie porte conduisant de manière définitive au fondement qui détermine le vrai changement.

Pourquoi j'ai écrit ?

J'ai pris le temps de faire la part des choses entre le « désir d'accomplir une action » et « l'intention de réaliser celle-ci ». J'ai pris le temps de distinguer la « détermination sans faille » des « vœux pieux » et de ne pas confondre la « transformation » et le « fantasme » et à terme le « fantasme » et le « désir ».

La sagesse m'invite à me taire face à ce que je ne connais pas. Je reconnais dans ma vie avoir beaucoup critiqué. La critique m'a longtemps évité de faire une introspection de ma propre vie. Elle m'avait aveuglé et enfermé. Notre père n'a d'ailleurs cessé de me dire : « *La critique est aisée mais l'art est difficile* ».

De la même manière qu'un téléphone se met à jour, l'être humain doit actualiser ses connaissances. Je préfère dorénavant faire le choix d'être dans l'accompagnement au changement plutôt que dans la critique ou la dénonciation. J'ai commencé à me questionner sur ma vie. Je cherche à apprendre des autres. Je suis ouvert à la critique et prêt à me corriger mais je n'en reste pas moins lucide car je sais que la critique négative a pour source la jalousie et la myopie. Cette forme de critique n'apporte rien.

Dans la vie sur la Terre, rien ne reste immuable. Le monde est soumis à une grande loi universelle : celle de l'impermanence. Tout dans le monde est soumis au changement. Rien n'est stable, permanent, définitif. Les choses changent, les personnes changent, a dit Frédéric Lenoir. Le monde change à la fois en nous et tout autour de nous. Comme le dit ce proverbe oriental : « *La vie est un changement permanent et la seule chose qui ne change pas, c'est que tout change tout le temps* ». Ce qui exige de l'homme qu'il se mette à jour par rapport au changement. La vie au XXIe siècle n'est pas la même qu'au XXe siècle. Les siècles se suivent mais ne se ressemblent pas. Malgré cela, il y a de ceux qui ne veulent pas apprendre et ne se limitent qu'à ce qu'ils connaissent depuis toujours. Ils rejettent toute forme d'apprentissage. Alors que la connaissance est évolutive. Phillips Brooks a écrit ceci : « *Triste sera le jour où tout homme se satisfera entièrement de la vie qu'il mène, des pensées qu'il entretient, des actions qu'il exerce, ou aucun grand désir de surpasser ne frappera plus jamais aux portes de son âme, et qu'il saura y avoir été destiné.* »

Le changement dont nous allons traiter ici est celui qui est positif et durable, que chacun de nous doit apporter dans sa vie. Nous décrions un monde où tout va de plus en plus mal. Nous reprochons aux autres leurs mauvais comportements et eux à leur tour font de même pour nous. Mais entre-temps rien ne change. Notre aptitude à changer ou pas est liée à l'appartenance à une de ces quatre zones qui influencent notre mode de vie selon John C. Maxwell :
1. LA ZONE DE CABOTAGE : « J'en fais le moins possible ».
2. LA ZONE DE CONFORT : « Je fais ce que j'ai toujours fait ».
3. LA ZONE DE DÉFI : « J'essaie de faire ce que je n'ai jamais fait ».

4. LA ZONE DE CRÉATIVITÉ :
« J'essaie d'envisager les choses autrement ».

Dans quelle zone êtes-vous ? Le but de cette réflexion est de voir par où commence le changement dans votre vie et de ce fait même celui du monde. Le président John F. Kennedy a dit : « *Chacun a en soi un discours susceptible de changer le monde* ». Voici le mien.

Voici les motivations qui m'ont amené à écrire :
- Dale Carnegie a dit : « *Les idées les plus brillantes au monde sont sans valeur si vous ne les partagez pas* ».
- Périclès a dit : « *Celui qui a des idées et ne sait pas les faire passer n'est pas plus avancé que celui qui n'en a pas* ».
- Rick Warren a dit : « *Si on ne parle pas d'une chose, on en perd le contrôle* ».
- Paul Arden a dit : « *Partagez tout ce que vous savez, vous apprendrez plus* ».
- L'important est de ne pas laisser les bonnes idées vous filer entre les doigts. Une bonne idée peut changer

le cours de votre vie et celle des autres si vous savez la capter.
- Un livre peut renseigner et faire évoluer quelqu'un.

La responsabilité pour le changement

La plupart des gens désirent le changement, alors que ce dont ils ont besoin d'abord, c'est d'être responsable. Kevin Tuner a dit : « *Les gens veulent être jugés selon leurs intentions et non sur leurs actions* ». Or ce sont les résultats qui comptent et non les bonnes intentions. On ne peut obtenir des résultats que par les gens qui assument leurs responsabilités. Votre changement ne viendra pas des autres. Prenez un peu de temps pour réfléchir au changement que vous devez apporter à votre vie. Il peut venir d'un conseil ou d'une analyse de sa vie. Vous êtes le seul à savoir quelles sont les choses à changer. Nous baignons dans une culture qui surestime le changement externe et sous-estime le changement interne et la responsabilité. La responsabilité passe par nos décisions. Nous devenons ce que nous sommes comme personnes par les décisions que nous prenons, comme le disait Aristote.

Si vous voulez que votre vie de demain soit meilleure que celle d'hier, vous devez faire aujourd'hui des choix en rapport avec ce que vous voulez pour votre avenir. Si vous ne le faites pas aujourd'hui, vous n'aurez pas l'avenir que vous souhaitez avoir.

Nous faisons des choix et ces choix nous font. Vous êtes plus façonné par vos choix que par votre situation. Où serez-vous dans dix ans ou vingt ans ? Sans vous connaître, je peux vous le dire. Si vous me parlez de vos choix actuels, je saurai où vous serez. Si vous me parlez de vos choix actuels, parce que les choix que vous faites aujourd'hui détermineront où vous serez demain. Les gens intelligents se demandent toujours : que dois-je faire aujourd'hui pour m'amener là où je veux être demain ? C'est ce qu'on appelle la sagesse. Si vous voulez changer quoi que ce soit, changez la valeur que vous lui accordez.

Le changement vous positionne pour l'avenir. Si vous voulez réussir ou échouer le reste de votre vie, tout dépend des changements effectués. Oprah Winfrey a dit :

« *Non seulement vous êtes responsable de votre vie dans le moment présent, mais il vous situe avantageusement pour le moment qui vient* ». Toute la vie n'est qu'une question d'accepter ou de fuir ses responsabilités. Nous sommes d'une manière permanente devant ce choix. N'attendez pas que les autres changent à votre place. John C. Maxwell a dit : « *Le fait de prendre des décisions difficiles et d'en assumer la responsabilité nous rend meilleurs* ».

Esprit d'ouverture et humilité

Le changement commence par l'ouverture d'esprit causée par l'humilité. Selon John C. Maxwell : « *Il s'agit de se passionner pour l'apprentissage, d'avoir l'intention d'apprendre chaque jour et de réfléchir à ce que l'on a appris afin d'en venir à savoir comment mettre tout cela en pratique* ». Cela ressemble un peu au jardinage. Un terrain ne se change pas en jardin tout seul. Le changement que vous apporterez déterminera la personne que vous serez devenu. Vous êtes à la fois le jardinier et le terrain. Le jardinage exige de la planification, un dur labeur et un bon environnement. Le jardinier, lui, doit faire le travail qu'il faut : préparer le sol, semer des graines, arroser les plantes, puis enrichir la terre, la couvrir de paillis et la désherber. Il s'agit d'un processus intentionnel que l'on doit réitérer jour après jour.

Développer notre ouverture d'esprit est l'une des choses que notre père nous recommandait. Il utilisait d'ailleurs souvent une métaphore autour des études universitaires : « Mon fils, dans le terme "université" il y a le mot "univers", c'est-à-dire les possibilités de vivre ». Il ajoutait : « Le monde est grand, mais les gens s'arrangent pour le voir toujours petit. Vous avez fait des études universitaires et vous ne trouvez pas de travail lié à votre domaine. Pourquoi vous limitez-vous vous-mêmes, alors qu'il y a du boulot dans d'autres domaines ? Vous pouvez aussi créer votre entreprise. Dans la vie, il y a ce que nous voulons et ce que la vie nous impose. Si nous n'avons pas ce que nous voulons, alors prenons ce que la vie nous offre. » Il faudra mettre en place des stratégies pour avoir ce que l'on veut. Les gens doivent s'ouvrir pour changer. Le changement que nous voulons de nous, des autres et du monde ne sera possible que lorsque nous aurons l'esprit ouvert. L'esprit d'ouverture, c'est le besoin permanent de découvrir et grandir ; la volonté d'apprendre, de désapprendre et de réapprendre. Comme le disait le futuriste et sociologue américain Alvin Toffler : « *Les analphabètes du XXIe siècle ne seront pas ceux qui ne savent ni lire ni écrire. Ce seront ceux qui ne savent pas apprendre, désapprendre et réapprendre.* »

L'humilité nous permet d'être flexibles au changement. Le Centre national des ressources textuelles et lexicales (CNRTL) définit l'humilité comme la disposition à s'abaisser volontairement (à faire telle ou telle chose) en réprimant tout mouvement d'orgueil par sentiment de votre faiblesse. Selon John C. Maxwell, l'humilité, c'est renoncer à son importance, son statut et son pouvoir personnel.

Concernant l'humilité, Roland Dalo nous donne les principes suivants :
- L'humilité ne nous est jamais imposée, c'est un choix ;
- Le monde voit l'humilité comme une faiblesse et un manque de caractère ;
- L'humilité annonce toujours la gloire et l'humilité précède la gloire ;
- La vraie humilité n'est pas quelque chose d'extérieur. Elle est avant tout quelque chose d'intérieur qui finit par déborder. L'humilité qui se plaît à être louée est de l'orgueil déguisé.

Le changement n'est possible que lorsqu'on est humble.

Sortir de la morgue des vivants

Pour changer, il faut apprendre. Vivre, c'est apprendre. S'il vous arrive d'avoir le sentiment de ne rien vouloir apprendre ou d'avoir trop de connaissances à cause de votre âge, des diplômes obtenus ou de ce que vous possédez, c'est que vous faites partie de la morgue des vivants. Un être humain meurt le jour où il cesse d'apprendre. Et son inhumation aura lieu après sa mort physique. Comprenez avec moi qu'il y a beaucoup de morts qui s'ignorent. Norman Cousin a dit : *« Dans la vie, la mort n'est pas la plus grande perte, c'est plutôt ce qui meurt en nous pendant la vie »*. La morgue des vivants est cette tendance de l'homme à ne vouloir rien apprendre et ne rien faire en espérant que sa vie va s'améliorer. Dans cette morgue, on croit que la vie est un coup de chance. La formation est perçue comme chronophage. Ceux qui sont dans cette morgue disent à ceux qui apprennent qu'ils perdent leur temps. Ils ont des excuses en permanence. Les excuses sont des panneaux de signalisation de sortie de la route des progrès. Ils renvoient tout à demain. Ils vivent dans l'épuisement. Ils ont une mentalité de lâcheurs. Ils pensent que la vie est facile. Ils pensent que le succès est une destination. Ils manquent de flexibilité. Ils manquent de vision. John C. Maxwell a dit : *« Demain est le meilleur jour du paresseux. On oublie que ce que nous sommes est le résultat de nos choix. »*

Dans ce lieu de morts-vivants, l'accusation, l'instruction et la casse du gouvernement, de la famille et des autres sont l'actualité. L'ignorance de ses responsabilités s'installe. On attend que le gouvernement, la famille et les autres nous amènent une bonne vie servie sur un plateau d'or. Ce mort-vivant pense n'avoir que des droits en ignorant ses devoirs.

On prend la solidarité comme un acquis et un droit, ce qu'elle n'est pas. Cet homme parle de ses problèmes et de ses difficultés pour attirer la compassion des autres, mais n'a pas l'idée de trouver la solution. Sa vie stagne et face à cette stagnation, il a pléthore d'arguments et d'alibis concernant son incapacité à changer.

Le retour à la vie ne se fait que par la prise de conscience de reprendre la connaissance. La vie est un apprentissage au fil du temps. Nous ne cesserons jamais d'apprendre. Tout dans la vie exige un bagage de connaissances : le mariage, le changement, la finance, le travail, l'emploi, etc. Chaque minute dans la vie est une leçon. Et une leçon mal apprise est toujours reprise. Il n'y a pas de nouvelles gaffes. Il n'y a que de nouveaux gaffeurs.

Accepter d'apprendre

C'est d'abord le désir et la volonté d'écouter, de retirer un enseignement de soi-même, des autres et de la vie, et également la volonté de mettre en pratique ce qu'on a appris. John Wooden a dit : « *C'est ce que vous apprenez après avoir eu l'impression de tout savoir qui compte* ». Apprendre, c'est l'activité de toute une vie. Ce qui nous est arrivé peut servir de leçon à un autre. Et ce qui est arrivé à un autre peut aussi un jour nous arriver si nous ne prêtons pas attention. S'il est sage d'apprendre de nos propres expériences, il est mieux d'apprendre de celles des autres. Vivre, c'est apprendre. Notre vie est trop courte pour que nous puissions tout apprendre de nos propres expériences. Celui qui n'a que lui-même pour s'enseigner a un insensé pour maître. Nous apprenons aussi beaucoup des événements. Don Shula et Ken Blanchard affirment : « *L'apprentissage se définit comme un changement de comportement. Vous n'avez rien appris tant que vous ne passez pas à l'action et ne le mettez pas en pratique.* »

Jim Rohn a dit : « *Ne laissez pas l'apprentissage amener à la connaissance ; laissez l'apprentissage mener à l'action* ».

L'apprentissage n'est pas seulement lié à l'école. C'est un processus continu lors du passage de l'homme sur la Terre. Je ne nie pas le rôle de l'école. L'école est très importante ; cependant, elle n'est pas un aboutissement mais un commencement. Notre père nous disait sans cesse : « Être intelligent à l'école n'est pas suffisant, parce qu'il faut aussi avoir l'intelligence de la vie ». C'est-à-dire vivre avec un esprit ouvert pour apprendre et mettre en pratique dans la vie de tous les jours. Parce qu'il nous faisait comprendre qu'il y avait des choses qui ne requièrent pas d'aller à l'école pour les comprendre. Ce que nous n'arrivions pas à saisir à l'époque. Nous apprenons seulement quand nous voulons être enseignés.

Beaucoup de gens cessent d'apprendre parce qu'ils ont fini leurs études. Pour eux, leur éducation s'achève après l'obtention du diplôme tant attendu. Mais une bonne éducation nous prépare non seulement à apprendre pour le reste de notre vie mais également à nous développer. Sauf grâce exceptionnelle, il y a des choses que le temps seul nous enseigne. Le temps nous ouvre les yeux sur ce que nous sommes, ce que les autres sont, ce que la vie est. L'apprentissage est un processus qui ne s'arrête pas quand nous recevons un diplôme, a dit John C. Maxwell. En fait, c'est précisément à cet instant qu'il commence vraiment. Les leçons prodiguées à l'école ne sont pas celles qui, concrètement, nous aident à vivre notre vie. Ce sont juste des outils basiques pour nous permettre d'affronter le monde réel, une fois que nous sortons des murs de l'école.

La plupart d'entre nous sont passés par l'étape du système scolaire ou académique sans avoir suivi le moindre cours sur le changement. Plus tard, la formation continue offre souvent une mise à jour des connaissances tout au long de la vie professionnelle. Là encore, l'apprentissage du changement est organisé pour le changement en entreprise, malgré la richesse des programmes proposés. À quel moment apprend-on le changement ? Sur le terrain et à ses dépens ? C'est le moment d'apprendre. Il n'est jamais trop tard pour apprendre, s'améliorer et se rappeler. Voici l'opportunité qui s'offre à vous. David O. Oyedepo a dit : « *Aucune chose précieuse ne commence au maximum de son potentiel. Tout commence comme une semence.* »

Oprah Winfrey a dit : « *On vit, et si l'on est ouvert sur le monde, on apprend. Tous ceux qui veulent réussir cherchent à apprendre.* » Votre réussite dépend de vous-même. D'après Zamenga B. : « *Le dynamisme d'une personne dépend de trois éléments auxquels nous essayons de donner un coefficient :*
- *Le don ou l'hérédité : 10 % ;*
- *L'influence du milieu : 30 % ;*
- *L'apprentissage ou l'effort personnel : 60 %.* »

Il y a un vieux dicton qui dit : « *Aucun homme n'est ton ami, aucun homme n'est ton ennemi, mais chaque homme est là pour t'apprendre quelque chose* ». Florence Scovel Shinn a dit : « *Il faut apprendre ce que chaque homme peut vous apprendre et ne pas prendre les choses trop personnellement. Les leçons apprises sont libératrices.* » Le changement n'est possible que lorsqu'on accepte d'apprendre et de pratiquer ce que l'on a appris. La vie est trop courte pour qu'on puisse vivre par essai-erreur. Nous pouvons apprendre des autres.

Sortez de votre prison et ne restez pas figé

La vie est comme un long voyage avec beaucoup d'étapes. Pour les connaisseurs du voyage, on ne peut voyager qu'avec ce qui nous servira pendant le trajet. Le changement, c'est prendre ce qui vous sera utile dans votre parcours et vous débarrasser de tout ce qui vous sera inutile. Vous êtes le seul à savoir ce qui vous est utile et inutile.

Dans mon premier livre, *Comment réussir avec les autres*, il y a une partie que j'ai intitulée : « Vous avez quelque chose à donner aux autres ». Il y a un principe qui dit : « Tout est partout ». C'est une question de quantité et de concentration. Je l'ai apprise en anatomie et physiologie des animaux domestiques : des hormones mâles se trouvent chez les femelles et vice-versa, mais pas dans les mêmes quantités, ni dans les mêmes concentrations. Il n'y a aucune personne vivante qui puisse affirmer ne rien avoir. Vous connaissez certainement cet adage célèbre : « *Les endroits les plus riches de la Terre sont les cimetières* ». C'est dans ces endroits que vous trouverez des rêves qui n'ont jamais connu leur réalisation, des livres qui n'ont jamais été écrits, des inventions qui n'ont jamais vu le jour, tout simplement parce que leurs détenteurs n'ont pas cru qu'ils avaient quelque chose. La plupart d'entre nous ont une situation qui persiste d'année en année parce que nous pensons et croyons/sommes intimement convaincus que nous n'avons rien pour nous en sortir. L'homme n'est que le produit de ses pensées et de ses croyances. C'est la pensée qui produit la parole et les actes. Nous avons un problème avec le concept « avoir ». Nous concevons toujours « l'avoir » en termes de quantité visible ou palpable. Alors que ce sont les choses invisibles qui régentent les choses visibles. Il y a des gens qui ont des comptes en banque dont ils ne savent pas quoi faire. Il y en a aussi qui ont des idées sans avoir les moyens de les réaliser. Même dans l'armée, tous les militaires ne vont pas à la guerre. Il y a ceux qui vont au front et ceux qui restent à la base. Aucun n'est plus « militaire » que l'autre. Chacun de nous a quelque chose pour se sortir de sa situation. C'est soit une qualité (ignorée, oubliée ou minimisée), soit une idée. Le problème est que lorsque vous dites que vous n'avez rien, cela ne vient pas de vous, c'est ce que quelqu'un vous a dit ou le produit de votre propre comparaison avec les autres. Sortons des opinions des autres et de la comparaison. En reconnaissant ce que nous sommes, tout en visualisant l'avenir. Nous sommes tous humains, mais avec des qualités et des talents différents. Ne privons pas le monde de ce qu'il attend de nous. J'ai quelque chose en moi qui peut donner la solution, à moi et aux autres. C'est l'une des raisons pour lesquelles j'écris.

Voici ma philosophie de vie : voir la vie dans toutes ses possibilités (Vision Biosphère). Par expérience, beaucoup d'universitaires sont prisonniers de leurs études. Ils considèrent les études comme une fin en soi alors qu'elles ne sont qu'un début. Sortez de la prison liée à vos origines, à votre couleur de peau, à votre statut social, à vos avoirs, à vos manques... *« Personne n'est né sous une mauvaise étoile, il y a juste des gens qui ne savent pas lire le ciel »*, a dit le Dalaï-Lama. Quelqu'un a dit : « *On peut vous emprisonner mais on ne peut pas emprisonner votre pensée* ». La première liberté découle de vos pensées. J'ai vu des gens juristes de formation gagner leur vie comme chanteur, des ingénieurs gagner leur vie comme coach en développement personnel. J'ai eu une fois l'occasion de voir le parcours scolaire et académique de grandes stars d'Hollywood sur MSN. Bon nombre d'entre elles viennent de prestigieuses universités mais elles ont et vont passer toute leur vie au cinéma. L'essentiel, ce n'est pas de gagner sa vie, l'essentiel est de savoir en quoi vous êtes utile. Loin de moi l'intention de chosifier qui que ce soit. Je souhaite plutôt suggérer une question, qui est celle-ci : si vous étiez un médicament, quelle serait votre vertu ? *Le Changement commence ici*, c'est avant tout une invitation à sortir d'une prison imaginaire que vous vous seriez vous-même créée.

Préparation et planification du changement

Une bonne préparation commence par l'évaluation de la situation. Vous ne pouvez pas faire ce à quoi vous n'avez pas été préparé. Selon Myles Monroe, il y a deux choses importantes : le temps et le changement. Ce sont les deux qui garantissent une bonne vie. Tout le monde vit dans le temps dans lequel il y a des changements. La clé dans la vie, c'est comment gérer le temps et le changement. Le changement arrive avec ou sans vous et le temps va suivre son cours avec ou sans vous. Ces deux éléments doivent être gérés. Le succès est toujours entre nos mains ; tout dépend de notre gestion du temps et du changement. Personne n'est plus riche en temps que les autres. Chacun de nous a vingt-quatre heures. Personne non plus n'est plus pauvre en changement. Tout le monde fait face au changement. Pour gérer le temps et le changement, il faut un plan. Avec le temps, il y a beaucoup de choses qui changent dans la vie. Hier, pour avoir une boutique, il fallait un local. Aujourd'hui, sans local vous pouvez avoir une boutique sur internet. Votre vie est déterminée par les plans que vous faites. Si vous n'avez pas de plan, vous n'avez pas de protection. Un plan vous dit ce que vous voulez et vous pouvez faire. Ainsi que ce que vous ne pouvez pas faire.

La planification, c'est comme une carte. Elle vous montre votre destination. Vous savez là où vous allez et le chemin à parcourir. La destination reste la même mais on peut modifier l'itinéraire. Par exemple, si vous allez à l'aéroport de votre ville et qu'il y a une marche ou un embouteillage. Il vaut mieux modifier le plan que ne pas en avoir. Planifier demande autant de travail que le travail en soi. Si tu ne planifies pas de réussir en apportant le changement, tu planifies l'échec sans changement. Le plan, c'est la gestion de la distance entre la conception et la destination. C'est donner au temps un but. C'est le document de la destination. La meilleure manière de prédire l'avenir, c'est de l'inventer et cela passe par l'élaboration d'un plan. Le plan te protège des abus des autres et t'apporte la patience.

Si vous ne savez pas où vous allez, tous les chemins sont bons. Si vous savez où vous allez, vous saurez où ne pas aller. Si vous n'avez pas de plan, les autres vous proposeront les leurs. La vie est mesurée par ce que vous savez faire et ce que vous ne savez pas faire. Ce qui est bon, ce n'est pas toujours ce que vous devez faire ou ce qu'il faut. Le planning contrôle chemin. Nous avons la responsabilité de contrôler le temps et le changement. Il ne faut pas attendre de tout avoir pour planifier. C'est en planifiant que vous saurez ce que vous aurez réellement et ce dont vous avez besoin. Avec ce que vous avez, vous obtiendrez ce que vous n'avez pas. N'évaluez pas vos vies en fonction des circonstances présentes.

Il y a des gens qui ne font que penser d'année en année sans planifier le changement. Il faut planifier et agir. Sinon, après des années, vous verrez des gens qui ont mis en action les choses auxquelles vous avez pensé il y a des années. Vous ne pouvez pas labourer un champ en pensant. Transformez vos pensées en plan. Planifier sans action est une futilité. Une action sans plan est fatale. Planifier, c'est prendre le contrôle de sa vie. Le but du plan, c'est de donner un sens à votre existence.

Le changement

Dans la vie, tout est sujet au changement. Ce que nous vivons aujourd'hui n'est pas le fruit du hasard. C'est le fruit d'un travail préparé et mis en action, qu'on le sache ou pas. Tout ce que sera notre futur s'annonce déjà aujourd'hui. Si on n'en tient pas compte demain, le changement va nous surprendre. Le monde continuera à changer, qu'on le veuille ou non. Il nous arrive dans la vie de ne pas être au courant d'un changement, surtout lorsqu'on pense qu'il ne se limite qu'à tout ce que nous avons vécu jusque-là. Or le changement n'est pas une chose facile selon la nature humaine. Il nous amène vers l'inconnu. Dan Millman a écrit : « *Le secret du changement est de concentrer toute votre énergie non pas à vous battre contre l'ancien, mais à construire le nouveau* ».

Spencer Johnson, dans son livre *Sortir du labyrinthe*, écrit : « *La vie n'est qu'une succession de changements. Certains sont provisoires, mais lorsque celui-ci paraît irréversible, il faut juste s'y résoudre, et se mettre en mouvement.* » Dans le monde dans lequel nous vivons, tout change en permanence. Il y en a qui résistent au changement. Ils restent attachés aux vieux idéaux qui sont leur plus grand handicap. Ces idéaux constituaient un atout hier, mais hier n'est plus.

Nous ne devons pas nous crisper sur une illusion de sécurité et de stabilité. Dans la vie, nous sommes tous vulnérables. Il nous arrive de croire que nous vivons dans un environnement immuable, mais ce n'est jamais le cas. Tout change en permanence.

Ainsi, face au changement, nous avons les réponses suivantes : oui, je ne sais pas, j'espère, je le veux, et malheureusement il est souvent accompagné par son amie fidèle qui est la peur. Changer n'est pas une option, ni une possibilité, mais une nécessité. Chacun veut un changement dans sa vie et autour de soi. Ce qui est d'abord important, c'est notre propre changement, car rien ne peut changer tout autour de nous, si rien ne change en nous.

Dans la fable de Spencer Johnson intitulée *Qui a piqué mon fromage,* les quatre personnages de l'histoire symbolisent l'esprit humain dans ce qu'il a de plus simple et de plus complexe, en dehors de toute considération d'âge, de sexe, de race ou de nationalité. Ce sont les quatre types d'hommes face au changement :
- Flair : sait déceler le changement dès ses premières manifestations ;
- Flèche : se précipite dans l'action ;
- Polochon : redoute et rejette le changement, craignant qu'il ne cause du tort ;
- Baluchon : sait s'adapter à temps lorsqu'il comprend que le changement peut être synonyme de mieux.

De ces quatre types, l'un ne veut pas du changement. La question qui nous vient à l'esprit est : pourquoi le changement est-il difficile ? La réponse est la suivante :
- Nos raisonnements : je ne refuse pas que les gens raisonnent. Le mot grec pour raisonnement est « loginos »,

qui veut dire : calcul, supposition, jugement. C'est dans nos pensées, dans le but de se trouver des excuses face au changement. De toutes les façons, dans le changement, il y a des pertes et des gains. Dans ce cas précis, vous ne pouvez pas maintenir votre vie comme avant. On dit que l'apparence est trompeuse, mais il y a des signes qui ne trompent pas. Si on trouve des excuses à tout, on n'est pas prêt au changement. Changer, c'est risquer. Ces raisonnements nous mettent souvent sur la défensive : « *C'est ma vie privée, je sais ce que je fais, je ne suis pas un enfant* ». Ce sont toutes les attitudes que l'on adopte face au changement. On veut faire comme avant, mais les choses ne le sont plus.

- Les autres : vous êtes le seul à savoir ce que vous vivez, ce que vous avez et ce qui vous manque. Certes, les conseils sont bons, mais tous ne sont pas applicables au même moment et face à cette situation, la plupart des gens se laissent guider par des conseillers (entourage) qui ne connaissent pas leur vision des choses. Il existe l'entourage choisi et non choisi tel que les membres de la famille qu'on ne choisit pas et les amis que nous sélectionnons. Félix Wazekwa, dans son livre intitulé *Les Petits Bonbons de la sagesse*, a dit : « *Seuls nos intérêts savent mieux nous conseiller* ».

Concernant le changement, Spencer Johnson dit ce qui suit :
- Le changement est inévitable ;
- Préparons-nous au changement ;
- Anticipons le changement ;
- Changeons ;
- Profitons du changement ;
- Soyons toujours prêts à repartir pour profiter pleinement de la vie.

Le changement exige de nous :
- La volonté : c'est pour quitter une étape pour une autre.
- Une mobilisation de pensée, d'énergie et d'effort. Ce qui nous

permet de sortir de déclarations vaines.
- La persévérance : c'est poursuivre son action sans tenir compte des obstacles, du découragement et des échecs du passé. Elle nous fait obtenir ce dont nous avons besoin ; ce qui manque s'arrête en chemin.
- De regarder de l'avant : on ne regarde que là où l'on va. Lorsqu'on est dans la routine, on stagne et si l'on stagne, on est en arrière. Personne ne peut mettre sa main à la charrue et regarder en arrière.

Joyce Meyer nous donne les conseils suivants :
- Le changement est un processus qui est souvent long : une maison détruite ne se reconstruit pas en un jour.
- Le changement est effrayant : parce que nous n'avons pas le contrôle sur tout inconnu dans sa finalité. Ce que nous voulons abandonner pour changer, nous le connaissons, mais pas là où nous allons.

- Le changement provoque toutes sortes d'émotions.
- Lorsque vous faites un changement, ça ne marche pas toujours de la façon dont vous l'aviez pensé. Bien que quelque chose doive changer, vous n'allez pas l'aimer tout de suite ; pas facile, nous ne pouvons pas grandir sans lui. Nous sommes le maître de nos choix, mais nous n'en maîtrisons pas les conséquences.
- Le changement fait partie de la vie.
- Il faut savoir rester humble et accepter de changer.

D'après Anthony Robbins, pour créer un changement durable, il faut que trois croyances soient respectées :

- Il faut croire qu'une chose doit changer, non qu'elle doive absolument changer. Il ne faudra pas attendre que le changement devienne une nécessité absolue.
- Il faut croire non seulement que les choses doivent changer, mais encore que nous devons les changer. Nous

      devons être la source du changement pour que celui-ci soit durable.
- Il faut croire que l'on peut effectuer le changement désiré.

Le problème est que nous considérons souvent le changement comme une donnée conditionnelle plutôt qu'obligatoire. Quand les êtres humains veulent changer quelque chose, ils veulent changer ce qu'ils ressentent, c'est-à-dire leur état.

D'après Hal Elrod : « *La bonne nouvelle, c'est que vous êtes capable de changer ou de créer n'importe quelle chose dans votre vie, si vous vous y mettez sur-le-champ. Je ne dis pas que vous réussirez sans effort, mais vous pouvez rapidement et facilement réaliser le moindre de vos souhaits en devenant une personne responsable.* »

Nous acceptons le changement lorsque :
- Nous y sommes obligés car nous estimons avoir assez souffert ;
- Nous le souhaitons car nous en sommes convaincus ;

- Nous le pouvons car nous avons appris suffisamment.

Faire des changements dans votre vie demande des efforts, du temps et de l'énergie, selon Brooke McAlary. Refuser le changement, c'est manquer de vision et être myope de la vie. Il y a ce que J. C. Maxwell appelle des hommes terrestres, des gens qui ne voient que l'immédiat. Ils n'aspirent qu'aux choses qu'ils peuvent tangiblement toucher de leurs mains. Ils recherchent ce qui les accommode. Ils ne regardent pas au-delà d'eux-mêmes et ils ne considèrent pas ce qu'ils pourraient être. L'homme terrestre peut être chauffeur de camion, directeur de banque, professeur. On le retrouve dans toutes les professions. L'homme terrestre est vraiment quelqu'un qui manque de vision. La personne la plus pauvre au monde n'est pas celle qui n'a pas une pièce de cinq centimes. La personne la plus pauvre au monde est celle qui n'a pas de vision. Si vous n'avez pas un rêve, un but, un objectif dans la vie, vous ne deviendrez jamais ce que vous pourriez devenir. Pour ceux qui sont répressifs ou réfractaires au changement, car ils veulent que tout soit toujours comme avant, le temps passé ne revient plus. On a beau se vanter de ce qu'on a vécu, on a besoin de nouveauté.

Ne vous croyez jamais arrivé, quels que soient vos exploits dans la vie. Nous avons des ambitions et nous disons nous-mêmes que le jour où nous arriverons à ce stade, ce sera la sommité de la vie. Laissez-moi vous dire que la sommité de la vie, c'est la mort. Il vous faut continuer à travailler. L'homme le plus riche du monde continue à travailler. Facebook continue à faire de la publicité. Aujourd'hui, si vous dites à quelqu'un : « J'ai besoin de boire un Coca-Cola » (je n'entre pas dans un jugement de valeur, à savoir si c'est bon ou pas), il reconnaît ce que vous ressentez. Coca-Cola, de génération en génération, continue à faire de la publicité pour maintenir sa clientèle. Ne vous arrêtez pas ou ne vous reposez pas sur vos lauriers. La vie continue. Il y aura toujours des changements dans la vie. Hier, pour écrire sur un tableau, il fallait de la craie. Petit à petit, la craie est en train de disparaître. Rien ne restera statique, tout est dynamique. Il existe la duperie qu'un jour, « j'atteindrai un niveau de vie et je trouverai le bonheur ». De nombreuses personnes ont cru à cette duperie. Ce niveau où on aura tout ce dont on a besoin et où on ne travaillera plus. Cette période de la vie n'existera jamais. L'être humain continuera toujours à travailler.

Sans aucune transformation de soi-même, il n'y aura aucun changement dans ce monde. Gandhi a dit : « *Soyez le changement que vous voulez dans le monde* ». Le responsable du changement, c'est l'individu. Il peut et doit influencer les institutions de toutes catégories. Avant de changer l'extérieur, nous devons changer l'intérieur. Le changement est une porte qui s'ouvre de l'intérieur. Samuel Johnson a dit : « *Celui qui connaît si peu la nature humaine au point de rechercher le bonheur en changeant toute chose autour de lui, hormis sa propre disposition, gâchera sa vie par de vains efforts, et augmentera le malheur qu'il avait l'intention de chasser* ». John C. Maxwell ajoute ceci : « *La majorité des gens veulent changer le monde pour améliorer leur vie, mais le monde qu'ils ont besoin de changer en premier est celui qui se trouve en eux.*

Cela est un choix que certaines personnes ne sont pas prêtes à faire. Le changement est la clé de croissance qui permet de grandir dans tous les domaines de notre vie. L'ironie est de voir que la plupart des gens désirent une amélioration dans leur vie, et que malgré cela, ils résistent au changement. Le problème est que vous ne pouvez obtenir l'une sans l'autre. » Mark Twain a dit : « *La seule personne qui aime le changement est un bébé mouillé* ». Dans la vie, on ne peut pas tout avoir ; si on gagne une chose avec le changement, on en perd d'autres.

Il y a un prix à payer pour le changement. Cela peut être le temps, l'argent, la créativité, l'énergie. S'il n'y a rien à payer, c'est que ce n'est pas le changement. Le changement de l'humanité commence par le changement individuel. Les choses ne changent pas avec le temps, mais c'est à nous de changer. Il n'est jamais trop tard pour cela. Max Depre a dit : « *On ne peut devenir ce qu'on doit être en restant ce qu'on est* ».

John C. Maxwell donne les cinq conseils suivants :

- Ne vous changez pas juste assez pour fuir vos problèmes. Changez suffisamment pour les régler.
- Ne changez pas vos circonstances pour améliorer votre vie. Améliorez-vous pour changer vos circonstances.
- Ne vous en tenez pas aux mêmes vieilles formules, tout en espérant des résultats différents. Obtenez des résultats différents en adoptant de nouvelles méthodes.
- Ne voyez pas le changement comme quelque chose de nocif qu'on n'a pas le choix de faire. Voyez-le plutôt comme quelque chose de profitable qui peut être fait.
- Ne refusez pas de payer le prix immédiat du changement. Sinon, vous paierez le prix ultime.

Laurence Beffara nous donne le conseil suivant : « *Sachez qu'à partir du moment où vous voulez changer de vie, c'est que forcément les choses ne vont pas comme vous le souhaitez. Mais changer sa vie, ça ne se fait pas en un clin d'œil ou en un claquement de doigts ! Et l'effervescence du changement ne durera pas ! À partir du moment où vous aurez trouvé vos nouvelles marques, de nouvelles habitudes, quelque chose vous manquera toujours. Et vous rentrerez dans un cercle vicieux, à vouloir à nouveau changer de vie ! Car avant de changer ce qui vous entoure, il faudra vous changer vous !* » La vie ne s'améliore pas par un coup de chance. C'est par le changement qui se produit toujours à l'intérieur de soi.

Face au changement, nous avons deux choix : soit nous conformer soit nous adapter. Il existe une différence entre l'adaptabilité et la conformité. John C. Maxwell nous la donne : « *L'adaptabilité constitue la qualité positive qui amène à voir changer le vent de direction et à adapter son parcours de manière proactive afin de tirer avantage de ce changement. Cependant que la conformité constitue la qualité négative qui amène à se fondre dans la masse, à devenir moyen, à refuser de se démarquer ou exploiter son caractère unique. Si la conformité constitue une faiblesse reposant sur la peur du rejet, l'adaptabilité constitue une force reposant sur la confiance en soi, son jugement et ses aptitudes.* »

Enfin, tout va changer, sauf le changement lui-même. Au cours de ces lignes, nous avons voulu le faire savoir et préparer les gens aux changements à venir. Aussi, pour que notre futur soit préparé, rien ne peut changer tout autour de nous si rien ne change en nous. Lorsqu'une personne ne veut rien changer dans sa vie, son réflexe est d'abord de chercher une justification à son choix. S'il n'y avait aucune transformation de soi, le changement du monde serait impossible. La révolution globale du monde n'est à espérer que quand intervient la révolution de la conscience de chacun de nous. Comme le développement, le changement est aussi chronophage. Il demande du temps.

Que faites-vous entre-temps ?

Il est important que nous puissions savoir que lorsqu'on veut changer, on ressent souvent que ce n'est pas le moment. C'est ainsi qu'on remet à plus tard. De ce fait, la procrastination s'installe. On devient ce que Stephen Leackock a écrit : « *Quelle étrange petite procession que notre vie ! L'enfant dit : quand je serai grand. Le grand dit : quand je serai un homme. Devenu un homme, il dit : quand je serai marié. Puis son idée devient : quand je prendrai ma retraite. Et quand il a pris sa retraite, il regarde en arrière et dit : quand j'étais jeune… Un vent glacial semble balayer le paysage morne de sa vie ; il est passé à côté de tant de choses et à présent, il ne lui reste rien. Trop tard, nous apprenons que vivre, c'est nous investir dans chaque journée et chaque heure.* »

Le temps change les choses, mais en fait le temps ne fait que passer et nous devons changer les choses nous-mêmes, a dit Andy Warhom. Beaucoup entretiennent l'espoir d'un changement mais n'agissent jamais à cause de la procrastination. Elle est le fertilisant qui fait pousser l'absence du changement. Victor Kiam parle d'assassin naturel de toute occasion. D'après John C. Maxwell : « *La procrastination est une voleuse de temps, de productivité et de potentiel* ». Certaines personnes ont la tendance à penser qu'il y aura un moment idéal pour changer mais ce n'est pas le cas. Donc, elles attendent encore. Jim Stovall donne le conseil suivant : « *N'attendez pas que tous les feux passent au vert avant de quitter la maison* ». Si vous attendez toujours le moment propice, vous attendrez éternellement. Et plus vous attendrez, plus vous vous fatiguerez ; n'utilisez pas l'excuse du moment propice pour justifier la procrastination, a dit Maxwell.

Jim Rohn a dit : « *Nombre d'ouvrages qui paraissent depuis quelques années nous laissent croire qu'à force d'exprimer verbalement tous les jours ce que nous voulons, le succès nous tombera du ciel comme par magie. Or je m'oppose formellement à cette façon de penser, car je sais par expérience que si nous affirmons quelque chose sans avoir la discipline requise pour agir en conséquence, il s'ensuit invariablement que nous nous illusionnons carrément en croyant progresser, alors même que nos activités journalières ne nous mènent nulle part.* »

Que faites-vous entre-temps ? L'avenir se prépare dans le présent. La société dans laquelle nous vivons est celle du vite fait. La considération des choses est sous l'angle de l'événement et de la solution instantanée. Si vous voulez faire une chose pour laquelle vous n'avez pas été préparé, c'est comme si vous vouliez manger une omelette sans casser des œufs. C'est frustrant et cela produit un résultat peu convaincant. D'autre part, vous y perdez votre temps, vos talents et votre énergie.

On oublie que l'avenir ne peut jamais se préparer dans l'avenir. Mike Murdock a dit : « *Une saison sans semence annonce une autre sans moisson* ». Si on ne fait rien aujourd'hui, demain sera un danger. Alors qu'aujourd'hui et demain sont éloignés de vingt-quatre heures. Ce que l'on fait maintenant détermine ce qu'on sera demain. Le danger est de croire avoir toujours le temps. Ce qui est une illusion. Demain n'arrivera jamais, il n'existe pas encore, car il est dans la pensée.

Lorsqu'il arrivera, il sera aujourd'hui. Le temps n'épargne pas ce que l'on fait sans lui. L'avenir d'un homme ne lui vient pas de demain, mais d'hier. Stephen Leackok disait que le seul moyen de jardiner de manière efficace, c'est de commencer l'année avant l'an dernier. Comme l'a dit un jour John Naisbitt : « *La meilleure façon de prédire l'avenir est de se faire du présent une idée claire. La vraie souffrance, pour vous, serait de rester sans agir ! Le plus grave, c'est de ne pas avoir essayé.* »

Don Miguel Ruiz a dit : « *Être dans l'action, c'est vivre pleinement. L'inaction est notre manière de nier la vie. L'inaction, c'est rester assis devant la télévision chaque jour pendant des années, parce que vous avez peur d'être vivant et de prendre le risque d'exprimer qui vous êtes. C'est passer à l'action que d'exprimer qui vous êtes. Vous pouvez avoir beaucoup de grandes idées dans votre tête, mais ce qui fait la différence, c'est le passage à l'acte. Si vous ne passez pas à l'action pour concrétiser vos idées, il n'y aura aucune manifestation, aucun résultat et aucune récompense. Agir, c'est être vivant. C'est prendre le risque de sortir de votre coquille et d'exprimer votre rêve. Ce n'est pas la même chose que d'imposer son rêve à autrui, car chacun a le droit d'exprimer son rêve. »*

Yvan Castanou a dit : « *Les actes que vous posez trahissent ce que vous croyez. Ce que vous croyez est souvent inconscient et se trouve enfoui dans votre subconscient.* » Ce que vous faites aujourd'hui détermine votre futur. Ne vous laissez pas tromper par la vie que vous avez maintenant. Chaque jour, les choses changent. La vie est une continuité. Quelqu'un a dit : « *Votre victoire d'aujourd'hui peut devenir votre plus grande ennemie pour demain* ». Ne vous reposez pas sur vos lauriers, la vie continue. Je connais un monsieur, ancien directeur d'école, qui voulait écrire un manuel pour l'école primaire. Mais il attendait ses vieux jours pour le faire. Lorsque ses vieux jours arrivèrent, il était devenu malade. Dans ses récits, j'ai compris qu'il attendait le moment où il serait au calme. Ce temps n'est jamais arrivé. C'est l'une des histoires qui me motivent à écrire. Ma question est celle-ci : que faites-vous entre-temps ? Les plus intelligents ne sont pas ceux qui attendent que tout soit parfait pour avancer. Ils n'attendent pas que tous les obstacles et que tous les problèmes disparaissent, ni que leurs craintes diminuent. Ils prennent des initiatives et le dynamisme est leur allié.

Hal Elrod a écrit : « *Le moment présent est plus important que n'importe quelle période de votre vie, car c'est ce que vous faites aujourd'hui qui conditionne l'individu que vous devenez. Et celui-ci déterminera toujours la qualité et l'orientation de votre existence. Si vous ne vous engagez pas aujourd'hui à devenir celui qui créera l'extraordinaire existence que vous désirez vraiment, qui sait si demain, la semaine prochaine, le mois prochain ou l'année prochaine seront différents ? La plupart des gens sont freinés par la vision qu'ils ont du passé, à force de sans cesse se repasser leurs échecs et leurs chagrins.* »

Le temps est un capital précieux qu'il faut apprendre à gérer en fonction de ses objectifs, de ses capacités et de ses faiblesses. Ceux qui l'emploient mal sont les premiers à se plaindre de sa brièveté (La Bruyère). Le temps est assez long pour qui en profite. Qui travaille et qui pense étend la limite

(Voltaire). Il est le trésor du pauvre, d'après un proverbe. Ce trésor n'est pas inépuisable. Le temps est un mystère. Il régit chacune de nos journées. Nous ne pouvons imaginer une vie en dehors du temps, d'où nous regardons, de l'extérieur, les événements se dérouler. Une après l'autre, les heures, les années filent. Le temps laisse son empreinte bien plus que nous ne laissons notre empreinte sur lui.

John C. Maxwell a dit : « *Nous n'avons qu'une seule vie. Chaque minute gaspillée est perdue pour toujours. Nous pouvons donc soit prendre les responsabilités de nos actes, soit chercher des excuses.* » Qu'est-ce que nous faisons entre-temps ? Le temps qui passe nous permet de collecter les informations pour voir quelles sont les options qui s'offrent à nous pour faire un choix et décider. Quelqu'un a dit : « *S'il y a des usines qui fabriquent la phrase "si je savais", ce sont les décisions et les choix que nous faisons* ». En ce qui concerne le choix et les décisions, il y a cinq types de personnes selon Roland Dalo :

- **Celles qui n'aiment pas décider** : ce cas, on le trouve souvent dans nos parlements. On veut voter une loi. On dit qui est pour, qui est contre, qui s'abstient. Il y a de ces députés qui ne lèvent jamais la main. Ils ne sont ni pour, ni contre, ni de ceux qui s'abstiennent.

- **Celles qui laissent les autres décider à leur place** : elles ont toujours un embarras de choix.
- **Celles qui n'arrivent pas à se décider** : les indécis.
- **Celles qui prennent trop de temps pour décider** : le temps est un allié pour décider mais à prendre trop de temps, on risque de perdre les choses. On peut décider bien et rapidement, c'est possible.
- **Les gens qui savent décider et assumer.**

Nous voulons tous le changement mais notre espoir est que quelqu'un, quelque part, puisse faire ce qu'il faut pour améliorer la situation. Nos attentes vont vers le gouvernement, le système des soins de santé, le système d'éducation, le monde des affaires, les médias, le monde du sport, les institutions religieuses et le monde des arts et du divertissement. Nous attendons qu'ils fassent quelque chose. Mais nous ne pouvons pas nous permettre de continuer d'attendre et de rester des observateurs. Tout le monde a plusieurs raisons de ne rien faire pour changer le cours des choses. C'est ce qu'on appelle les excuses.

Le changement commence ici

Si le monde change, c'est parce que ce sont les hommes qui le changent. John C. Maxwell conseille ceci : « *Le meilleur moyen d'apporter le changement auquel nous aspirons pour demain consiste à apporter les changements qui s'imposent aujourd'hui même. Les gens n'aiment pas admettre qu'il leur faut changer, et s'ils acceptent de changer certaines choses à propos d'eux-mêmes, ils se concentrent sur des aspects superficiels ; c'est peut-être pour cette raison que Ralph Waldo Emerson a dit : "Les gens se préparent sans cesse à vivre mais ne vivent jamais". Quiconque veut vivre dans un monde meilleur doit avoir la volonté de se changer lui-même.* » Le psychiatre Rudolph Dreikurs fait observer ceci : « *Nous pouvons changer toute notre vie et l'attitude des gens qui nous entourent en nous changeant nous-mêmes* ». Beaucoup trouvent le changement épuisant. La création du changement exige de l'énergie mentale, physique.

Rien ne change, pourquoi ? C'est parce qu'on se limite à un souhait, un slogan, une déclaration. Les gens s'arrêtent aux mots sans les actions. L'un des anciens présidents de la Côte d'Ivoire, Félix Houphouët-Boigny, a dit : « *La paix n'est pas un vain mot mais un comportement* ». Je peux de la même manière dire que le changement dans notre vie n'est pas un vain mot mais un comportement. Notre souhait souvent est de voir un changement instantané. Ce n'est pas le fait que nous prenions du thé, du café et du lait instantané qui fait que tout le devient. Nous nous plaignons de difficultés qui durent depuis des années au niveau personnel, national ou mondial (la pauvreté, les guerres, le viol…), mais rien ne change. Je ne nie pas qu'il y ait du changement positif dans plusieurs domaines.

Le poète Lutumba a dit : « *Ce qui est caché dans le cœur des hommes, c'est ce qui détruit ce monde* ». Jésus-Christ, avant le poète Lutumba, l'avait aussi dit de cette manière : « *Ce n'est pas ce qui entre dans l'homme qui souille l'homme, mais ce qui sort de l'homme qui souille l'homme* ». J'ai compris par ces deux citations que le changement est fait de l'intérieur et non de l'extérieur. Les belles phrases, les vœux et les souhaits ne peuvent pas changer l'être humain sans une décision provenant de son cœur et de sa pensée, suivie d'actions positives et concrètes qui s'inscrivent dans la durée. C'est ce qui change le monde.

Tout le monde émet le souhait que les choses changent tout autour de nous. Je peux dire que rien ne peut changer tout autour de vous tant que rien n'a changé en vous. Si vous voulez que les choses changent, commencez par vous. Tant que vous restez dans l'attente de changements émanant des autres, ce sont les autres qui deviendront les maîtres de votre destin. John C. Maxwell affirme ceci : « *Il n'est pas nécessaire d'aimer le changement pour réussir, mais il faut être prêt à l'accepter. Le changement stimule la croissance personnelle. Il vous sort de l'ornière, vous permet de prendre un nouveau départ, et il vous donne l'occasion de réévaluer votre cheminement. S'opposer au changement, c'est refuser le progrès.* »

Le Changement commence ici est une réflexion née de mon parcours et de ce que je vois dans le monde chaque jour. C'est une invitation à conscientiser que le changement que nous attendons tant des autres doit d'abord émerger de nous-mêmes. Gandhi a dit : « *Soyez le changement que vous voulez dans le monde* ». C'est aussi une invitation à réaliser que le changement durable n'est pas extérieur à nous, sinon à l'intérieur de nous. Le changement vient de l'intérieur. Il n'est pas toujours instantané.

Le Changement commence ici indique que le changement commence par la tête et le cœur. La tête étant le centre de la pensée (réflexion). L'homme étant ce qu'il pense, c'est ce qui fait le monde dans lequel nous vivons. Les hommes n'ont pas toujours des pensées destructrices. Comme on le dit en statistiques : « *Les valeurs extrêmes influencent la moyenne* ». Le cœur est centre des émotions et des sentiments.

La théorie des petits pas : lorsqu'on parle du changement, beaucoup de gens s'imaginent quelque chose d'énorme, de radical, mais un changement de vie décisif commence par de petites transformations en apparence anodines. Nous sommes ce que nous retenons sans cesse, a dit Aristote. Le changement est une porte qui ne s'ouvre que de l'intérieur, comme disait Tom Peters. Ne jamais rester dans l'attente et la passivité. Tout est changement, non pour ne plus être, mais pour devenir ce qui n'est pas encore, selon Épictète. John C. Maxwell a dit : « *La plupart des changements que j'ai apportés dans ma vie sont le fruit d'une bonne réflexion sur un sujet. Changer peut être difficile, mais cela devient plus aisé lorsqu'on le fait petit à petit. Les petits gestes, lorsqu'ils s'additionnent, mènent à de grands changements.* »

Le philosophe et auteur James Allen a écrit : « *Les hommes désirent ardemment voir leur situation s'améliorer mais ne veulent pas s'améliorer eux-mêmes ; ils restent captifs par conséquent. Si votre souhait est de provoquer un changement positif, ne restez pas captif. Il faut commencer à accueillir vous-même le changement. C'est toujours le premier pas à faire pour améliorer les choses.* »

Pour qu'un véritable changement se produise, nous devons passer de savoir à faire. Le changement exige des efforts. Au lieu de faire des efforts, nous préférons :

- Parler : « Discutons du changement » ;
- Réfléchir : « Considérons le changement » ;
- Planifier : « Élaborons des stratégies relatives au changement » ;
- Sonder : « Demandons aux gens ce qu'ils pensent du changement » ;
- Étudier : « Examinons ce à quoi le changement ressemble » ;
- Nous reposer : « Économisons notre énergie avant d'amorcer le changement ».

Passer du temps à parler et à étudier, c'est bien. Néanmoins, le mieux reste la mise en pratique. Gandhi a affirmé : « *Une once de pratique vaut mieux que des tonnes de discours* ». Frédéric Lenoir recommande : « *N'attendons donc pas des gouvernements qu'ils soient le fer de lance du changement ; ils peuvent jouer un rôle utile d'éducateurs mais les vraies mesures ne seront prises que parce que les citoyens seront prêts à les adopter dans leur vie quotidienne* ». Je ne dédouane pas le gouvernement de sa responsabilité. Linda Ellerbe a dit : « *Le changement peut être synonyme d'espoir* ». Le changement ne se produira pas à moins que vous passiez à l'action au bon moment, a dit John C. Maxwell. Une action vaut mieux que mille intentions.

Références bibliographiques

Carnegie D. et associés, *Comment trouver le leader en vous*, Hachette, 1996, 211 pages.

Carnegie D., *Comment dominer le stress et les soucis*, Flammarion, France, 2005.

Castanou Y., *Maintenant ça suffit, il faut que ça change !* Édition Metanoia et Vie, 2009.

Elrod H., *Miracle Morning*, Éditions First, 2016.

Gardener A., *Le Bonheur est dans la tête*, Éditions Bussière, 2018.

Giordano R., *Ta deuxième vie commence quand tu comprends que tu n'en as qu'une*, Pocket, 2017.

Goma J., « Le pouvoir du changement », Culte Gospel, Paris, France, 06/04/2008.

Hill N., *Réfléchissez et devenez riche*, Éditions J'ai lu, 2011.

Johnson S., *Sortir du labyrinthe*, Éditions Michel Lafon, 2019.

Johnson S., *Qui a piqué mon fromage ?* Éditions Michel Lafon, 2000.

Katunda D., *Servir aux desseins de Dieu et marquer sa génération*, God Savior Publishing, 2018.

Kiyosaki R. T., *Père riche père pauvre*, Éditions Un monde différent, 2017.

Klein E., *Le Temps*, Dominos, Flammarion, France, 1995.

Kuen A., *Comment étudier*, Éditions Emmaüs, 2008.

MacArthur J. *Le Leadership*, Éditions Impact, 2008.

Maxwell J. C., *Vaincre l'adversité*, Éditions Un monde différent, 2001.

Maxwell J. C. et Huller J. D., *Se préparer à l'échec*, 5e livret, 2008.

Maxwell J. C., *Devenez ce que vous devriez être*, Groupe international d'édition et de diffusion, 2005.

Maxwell J. C., *Réussir avec les autres*, Groupe international d'édition et de diffusion, 2006.

Maxwell J. C., *Le Talent ne suffit jamais*, Éditions le mieux-être, 2008.

Maxwell J. C., *Parfois on gagne parfois on apprend*, Groupe international d'édition et de diffusion, 2015.

Maxwell J. C., *Pensez succès*, Éditions du trésor caché, 2017.

Maxwell J. C., *Vivre intentionnellement*, Groupe international d'édition et de diffusion, 2018.

Maxwell J. C., *No limits*, Groupe international d'édition et de diffusion, 2019.

Maxwell J. C, *Leadershift*, Éditions Trésor caché, 2020.

McAlary B., *Simplifier sa vie*, Éditions Contredires, 2018.

McRaven W. H., *Si tu veux changer ta vie… commence par faire ton lit*, Dunod, 2018.

Murdock M., *Recueil clé de la sagesse*, The Wisdom Center Texas, USA, 2005.

Murdock M., *La Loi de la reconnaissance*, The Wisdom Center Texas, USA, 2005.

Oyedepo D. O., *Comprendre la direction divine*, Dominion Publishing House, 2006.

Parsons R., *Ce que j'aurais aimé apprendre plus tôt*, Éditions Emmaüs, 2001.

Pérets J., *La vie continue quel que soit votre passé*, Vision Biosphère, 2020.

Robbins A., *Pouvoir illimité*, Éditions J'ai lu, 1999.

Robbins A., *L'Éveil de votre puissance intérieure*, Éditions J'ai lu, 2013.

Robertson P., *La plus grande vertu : le secret pour vivre dans le bonheur et la réussite*, CBN, 2007.

Rohn J., *Stratégies de prospérité*, Un monde différent, 2015.

Ruiz D. M., *Les Quatre Accords toltèques*, Éditions Jouvence, 2016.

Sammut T., *Un cancre dans les étoiles*, Éditions Parhélie, 2019.

Scovel Shinn F., *Le Jeu de la vie*, J'ai lu, 2016.

Sumbela J.-B., « Si tu ne veux pas t'asseoir par terre demain, crée ton trône aujourd'hui », Centre évangélique la Résurrection, communication du 09/08/2008.

Tchamda T. Y., *Obtenez tout ce que vous voulez*, The Humankind's Potential, 2021.

Warren R., *Une vie motivée par l'essentiel*, Lake Forest, Purpose Driven Ministries, 2006, 358 pages.

Wazekwa F., *Les Petits Bonbons de la sagesse*, Éditions Bergame, Paris, 2017.

Remerciements

Je remercie ici :
Cristina Maria Pereira pour tout son amour à mon égard.

Jean Paul Babungu, Kabeya Mwembia, Berto Y. Malouona Nzouzi, Mélissa Mwembia et Evanhove Madzou qui m'accompagnent dans ce métier passionnant.

Ma famille, le nid à partir duquel j'ai fait mes premiers pas et pris mon envol.

Tous ceux qui m'encouragent et me découragent. Que tous ceux qui se reconnaîtront dans leur contribution à cette œuvre trouvent par ces mots l'expression de ma profonde gratitude. J'ai écrit avec vous. Je vous remercie aussi. Je ne saurais pas être plus explicite et plus certain dans le choix de mes mots.

Table des matières

Préface 1

Pourquoi j'ai écrit ? 11

La responsabilité pour le changement 16

Esprit d'ouverture et humilité 19

Sortir de la morgue des vivants 23

Accepter d'apprendre 26

Sortez de votre prison et ne restez pas figé 31

Préparation et planification du changement 35

Le changement 39

Que faites-vous entre-temps ? 54

Le changement commence ici 63

Références bibliographiques 70

Remerciements 76